Ulrich Selich

Januargedichte 2022

Werner Bünck

Zeichnungen

Bibliografische Information der Deutschen Nationalbibliothek: Die Deutsche Nationalbibliothek verzeichnet diese Publikation in der Deutschen Nationalbibliografie; detaillierte bibliografische Daten sind im Internet über dnb.dnb.de abrufbar.

Die automatisierte Analyse des Werkes, um daraus Informationen insbesondere über Muster, Trends und Korrelationen gemäß §44b UrhG („Text und Data Mining") zu gewinnen, ist untersagt.

Verlag: BoD • Books on Demand GmbH, In de Tarpen 42, 22848 Norderstedt
Druck: Libri Plureos GmbH, Friedensallee 273, 22763 Hamburg
ISBN: 978-3-7568-2837-1

1.

Mit einem Lächeln beginnt das neue Jahr
und einem Augenzwinkern einem Staunen
als wären die Nachtmahre ein für alle Mal
verschwunden und verstummt

Von den alten Zwisten ist noch reichlich da
auch in den neuen Räumen hallen ihre Dissonanzen
aber sie sind wie die Reste eines eskalierten Festes
Echos des Streits und nicht mehr sein wüstes Geklirr

In meinen Augen blitzt ein Sternenfunkeln
und sie berühren was sie sehen
und verändern es in einem Schöpfungsschauen
als gehörten sie nem Engel

2.

Es tropft von den Dächern
die Bürger treiben heim
in einer Küche singt Geschirr
im Dialekt meiner Stadt

Mich bewegt die Lust am Leben
weiter durch Straßen und Gassen
bin Treibgut der Zeiten und
Wellenkamm im Werden und Vergehen

3.

Beim Aufstehen schon den Himmel gespürt
der mit seinem Wintergrau so gegenwärtig ist
und wie er mir mit seiner Ruhe hilft
den Tag wie einen Neuanfang zu feiern

Der alte Zwist ist da wie Kleingeld in der Tasche
kleine Münze mit der Gewohnheit und Trott mich bezahlen
Erinnerung an einen Einkauf bei dem ich mir
mit großem Schein was gönnte

An den Fliegenpilz muss ich da denken
wie er dem Wanderer ins Auge springt
doch sein Mycel verborgen ist wie mir
an diesem Morgen die Sonne

Und an einen Eisberg wie er im Ozean steht
unter ihm die schwärzeste Nacht doch
über ihm eine Wintersonne die
seinen Gipfel zum Leuchten bringt

4.

Das Wuusch der Windmühlenflügel
ist Gesang der einen Helden lockt
auf der Suche nach Abenteuern
reitet er wie irre durch das Land

Der Wind lässt die Fundamente zittern
überträgt sich ins Erdreich
als stampften Riesen mit festen Schritten
zum vereinbarten Turnier

Der Ritter hält auf der Kuppe kurz inne
stürzt sich dann mutig auf den
ungleichen Gegner der ihn mit Gleichmut
hinaufschlägt in das winterhelle Grau

5.

Der Zungenschlag eines Hundehalters
versetzte mich in eine andere Zeit
da rauchten die Schornsteine noch
und aus den Wohnungen klang vor allem Dialekt

Es war so sehr anders damals
dass ein Vergleich sich fast verbietet
vor allem wenn er wertend kommt
und ohne Neugier und Staunen

Ich bin heute immer noch Auge Ohr
ein Grübler und empfindsam streich
durch die Straßen der vertrauten Stadt
die unaufhaltsam sich wandelt

Und was mir täglich begegnet
ist voller Echos und Resonanzen
wie ich in alten Fotografien
wie ich war bin und werde

6.

Nur einen Knopfdruck entfernt
von Stimmen und Bilder
könnten meine Höhle erhellen

Ich lasse der Nacht ihre Macht
ihre allumfassende Schwärze
und ihre Ruhe und weiß
ja sicher dass solange ich atme
Bilder und Stimmen die zu mir gehören
mein Schädelrund füllen

Und manchmal steht ein einzelner Stern
am Himmel und leuchtet mir
als täte er dies exklusiv

7.

Nun gut die Wörter
sind wie sie sind
Ding und Klang Spur
und Illusion ephemer
wie ein Nebelfeld
das die Morgensonne
zum Verdunsten bringt
und tektonische Schicht aus Urgestein
auf der vieles ruht
gefrorene Fläche unter der
ein anderes Leben sicher ist

Ich will sie dafür nicht missachten
bin nicht enttäuscht
weil sie so wenig
verlässlich sind bin ja
mit ihnen irgendwie auch
verwandt bin selber Text
der nicht nur einen
Autor hat und seine
Bedeutungen nicht verstehen
geschweige denn ergründen kann

8.

Es bleibt die Lust das Netz der Grund
das Leben kennt die Finten mit denen
aus nichts ein Trost gezogen wird

Denn manches davon ist wie Katzengold
nicht das was es scheint ist Theater
und diese Illusion hilft beim Leben

Die List wird Lust und spinnt
das Netz wird Grund der trägt und es
beginnt ein neues Staunen und Seh'n

9.

Meine Wörter sind mir
wie in die Wiege gelegt
so fühlt es sich an so
selbstverständlich und ohne Bedacht

Betrachte ich eines von ihnen
aus der Nähe verwandelt es sich
wird fremder und erscheint mir
schließlich wie aus einer anderen Welt

Was bliebe mir überprüfte ich
jedes auf diese Art was bliebe
von mir wenn jedes mir zeigte
wie wenig wir uns gehören

Herkunft und Erbe sind von
unbestimmter Substanz doch jedem
Moment geben sie Farbe und Licht
sind wie Gott nach der Schöpfung verborgen

10.

Geschichten sind Ingredienz der Seele
so was wie ein genetischer Code ein
Stoff der prägt sind in ihrem
Vergangensein auch gegenwärtig und
in ihrer Wirkung mächtig sind
das Gewebe aus dem du bist
das Netz das dich trägt und
in dem du dich verfängst
verfangen hast schon bevor du
den ersten Satz der eigenen
Geschichte sprichst
mit dem du weiterwebst
was vor dir war und dich
einbindest in das was ist
und wird sind Gedächtnis
und Plan und Modell für
all die kommenden Tage
sind Brücken in
andere Zeiten und
zu all den Seelen

11.

Ich irre auf meinen eigenen Spuren
durch mein eingehegtes Terrain
ein weltvergessener Panther
traulich eingewohnt in seinem Weh

Die Sonne erhellt das Feld
Schatten tanzen semantisch
die Uhr tickt herzlos
den Takt zu meinem leisen Vergeh'n

12.

Ich kenne zunächst die Räume nicht
die in der Musik sich öffnen
die Spieler müssen sie durchschreiten
und geben mir so eine Idee davon

Es ist als würde ich gebeamt
in eine virtuelle Welt und
alles ist Atem Klang und Konzentration
und der Kronleuchter vibriert silbern und hell

Eine Einladung ist jede Improvisation
zu einer Expedition die Mut erfordert
wie der Ritt auf einem unbekannten Tier
durch Gelände das erst mal wüst ist und leer

Und wenn es gut läuft bin ich mit einem
Mal Element in einem chemischen Experiment
reagiere auf das was ist und geschieht bin Spieler
der was riskiert sich eingibt über die Sinne existiert

13.

Verwirrt am Wegrand kann ich nicht sagen
welche die richtige Richtung ist
es ist dunkel nirgends ein Licht zu sehen

Über mir wölbt sich Sternenlosigkeit
irgendwo höre ich wie ein Motor sich entfernt
was mir bleibt sind Herzschlag und Atem

In der Erinnerung sehe ich uns am Küchentisch
wo es hell ist und warm doch unsere Stimmen
dringen nicht durch bis zu mir hier

Den Ort gibt es schon lange nicht mehr
zerstreut sind wir in alle vier Winde
egal wie ich geh ich komm nicht mehr dorthin

14.

An einem gewöhnlichen Tag
begann ich mit der Inventur
packte aus was mir geblieben war
war nicht erstaunt über die geringe Zahl

Ich spreche nicht von den wenigen Jahren
die ich noch habe sondern vom
Vorrat an Gewissheit und Schönem
der mir so unermesslich schien

Wäre der Glaube Licht versänke ich
eine Kerze in der Hand langsam
im Dunkel ein Stern der anderen
im Verlöschen Trost ist oder auch nicht

Und zeigte sich in Kunst sowas wie Seele
wäre allüberall noch Gegenwart doch
Zweifel sind angebracht wie Beschriftungen
zu Titel Material Technik und Namen

Von der Hoffnung übrig sind nur wenige Reste
die Frohe Botschaft verziert vor allem Leere
geblieben ist mir was in den Büchern steht
und der Stift macht Spuren auf der Suche nach Fährten

15.

Es fühlt sich an wie ein Walking Bass
wie ich so durch die vertrauten Straßen zieh
wird eine improvisierte Choreografie mit
wechselnden Statisten und wieder mal
fügt sich alles ein in ein größeres Bild

Man steigt nicht zweimal in denselben Fluss
die Stadträume schaffen hier ihre eigene Musik
und ich darf jetzt mal der Conductor sein
das Medium für gutmütige Energien die meine
Sinne nutzen in diesem geglückten Moment

Über der Kreuzung geht nun endlich die Sonne auf
bringt die Straße zum Glühen und
es ist wie in Bernsteins West Side New York
ein rhythmischer Flow ein Ritardando und Go
und ich tanze ostwärts in meiner eigenen zufälligen Show

16.

Ich stehe am Rinnstein und schau dem Wasser zu
wie es nach dem Wolkenbruch einen Fluss markiert
bin ein Siddharta für diesen einen Moment
einer der im Schauen versteht worum es geht

Das Kopfsteinpflaster glänzt vor Nässe ist wie
ein Meer aus Kopfsteinwellen ein Reflektor
der der Sonne einen Lichtgruß schickt
als ich über seine gewaschenen Wogen ziehe

Von den Traufen tropft es silbern und in den
Kanälen wo die Nacht zu Hause ist
rauscht was vor kurzem noch am
Himmel dunkel dräuende Wolke war

Ich bin der Rinnsteinweise der aus
den Wassern liest in denen Licht
und Schatten huschen wie Fische ein
Schwarm der meine Sinne prüft und belebt

17.

Das Wasser in einer Schale
in der sich Himmel von Wind
bewegt spiegelt ist ein Gedicht
in dem jeder Bedeutung liest
auf eigene Art

Selbst die Farbe
findet sich im Wasser wieder
ist wie die Tiefe Illusion
die als solche erkennbar
niemanden betrügt

Und so ist es
dass Worte ewig nur spiegeln
den Himmel das Blau und die Tiefe
nicht als Urzeitidee sondern
Leihgabe für die Dauer der Rede

18.

Ein Schöpfungsakt ist
wie ein Kind ein Wort
wortwörtlich nimmt
und einer Nase Flügel malt

Und Sterne tanzen
hell im Himmelsschwarz
mit einem Auge
guckt der magere Mond

Und die Sonne steht auf
geht auf zieht ihre Bahn
rundum verlässlich
und macht einen Tag

19.

Oh im Spiegel bin ich ein anderer und
auch in den Bildern aus einer anderen Zeit
und wenn ich höre wie sie von mir erzählen
weiß ich nicht mehr wer ich jemals war

Ja und im Gehen bin ich aber ganz bei mir
wenn ich ohne Zögern immer weiter geh
und in die Augen derer schau die mich grüßen
da wird mir ganz leicht vor Freundlichkeit

So bin ich gebunden in der Zugvögel Heimat
unterwegs zu sein mit Wolken und Wind
alteingesessen nicht aber auch nicht fremd
vertraut mit Herzschlag Regen und innerem Kind

20.

Sie ruft You have no idea
und ich fühle mich gemeint
weiß aber nicht wo sie von mir
sich unverstanden fühlt

Ich kenne diese Frau nicht
weiß nichts über ihre Herkunft
Kultur und Ideen doch sofort ist mir
klar es ist ihr sehr ernst

Der Kontext: ein Museum und
Kapitel für Kapitel erschließt
sich mir wie Rassismus real ist
und da wie das Wetter

Ich weiß davon die Frau hat recht
ich weiß aber nicht wie's ist wenn
Schläge niedergehen und es gibt
kein Entkommen aus der eigenen Haut

21.

Auf dem Kopf trage ich eine Säule
im Herzen ein Saatkorn
meine Füße zieht es zu Horizonten
ein Glöckchen halt ich in der Hand

Der Stift hat seinen eigenen Klang
tanzt übers weiße Feld
und in seinen Spuren sprießt
ein Völkchen mit dem bin ich verwandt

22.

Farben – das Wort allein
reicht aus die Sinne zu wecken
sind Reflektor reiner Stoff Geruch
Textur auf Leinwand Holz Metall
Gefährten des Lichts

Mit jedem Morgen beginnt das Fest neu
werfen die Dinge den Nachtmantel ab
und zeigen wie farbig sie sind und das
dringt ein in den der schaut
und erfüllt ihn mit Verlässlichkeit

Farben sind Freude tragen Bedeutung
kleiden jeden ohne Unterschied
das was wird und das was verwest
und leuchten den Weg aus
zu anderen Sphären wie Pilze

Van Goghs Gelb das Blau der Nomaden
Blume der Poesie und Blütenschimmer
im Licht des Mondes in der Nacht
wo vieles noch mal anders scheint

23.

Die Elemente sind gesetzt
die Naturgesetze der Raum
und die Zeit und mein Puls
und wie du mich anschaust

Die Nacht wird kommen
auch die Kälte und der
Mond ist auf seiner Bahn
wie eine Konstante

Ein Reservoir sind die Worte
und in ihnen ist was mit
ihnen geschah und doch kann wie
ein Grashalm jedes neu sein

Ich bin mit allem verbunden
ein Totem in einer Pop-Art-Collage
die kein Rahmen einfasst und so
wächst Freiheit lebendig mir zu

24.

Die Kälte der Asche kennt
die Flamme nicht Sand treibt
Sturm vor sich her der sich
am Felsen bricht den Kräfte
einst aus der Tiefe hoben

Ein Beben stellt Fundamente infrage
spielt mit ihrem Versprechen Flut
mit dem des geschützten Raums
in der Erkenntnis nistet sich Lüge ein
bringt Spiegel zum Erblinden

Durch eine Tür geht es zum Festsaal
durch eine andere zur Zelle ein
Goldesel stillt keinen Hunger nach
Wahrheit die fast ist wie ein Wesen
aus einer aus Stroh gesponnenen Mär

25.

Ein unscheinbarer Ort eine Haltestelle
etwa kann ein Kosmos sein
Schicksal ist überall und die Zeitläufte
lassen nichts und niemanden aus

Die Kälte dieses feuchten Winters
ist zwar nur Nebensache und Fakt
aber sie könnte auch Metapher sein
wo so vieles ins Prekäre rutscht

Der abnehmende Mond steht blass
über den Menschen die zur Arbeit eilen
das könnte eine Hoffnung sein
in der sich eine andere Zukunft zeigt

Was an der Haltestelle zu hören war
begleitet mich aber wird Erinnerung
wie ein Moment aus Döblins Berlinroman
als zeigte sich hier ein unguter Kreis

26.

Jeder Tag steht unter Vorbehalt
jede Stunde ist Geschenk oder Last
jeder Augenblick nimmt Neues in Augenschein
und sei es nur das Fließen der Zeit

Trotzig stellen wir uns stets
aufs Neue als sei dies eine Lotterie
und das Glück winkte uns zu wie eine
Werbefigur die ein Gebläse erregt

27.

Am Morgen als das Licht noch zögert
ein Keim ist der zu Licht wird
ist um jeden Passanten ein Feld
ein Rest aus Träumen und Nacht

Ein Handke-Engel wäre ich da gern
um den Gedanken zu lauschen
mal der Frau dort oder jenes Alten
nicht aus Neugier sondern als Freund

An der Ampel stehen sie zusammen
ahnen nichts von ihrer fernen Verwandtschaft
ahnen nichts von ihren zeitlosen Seelen
die eh aus der Mode gekommen sind

Dann ist das Licht auf einmal umfassend
und Grün löst Bewegung aus
über jedem steht da eine Flamme
die nur sieht der das Zweifeln kurz lässt

28.

Die Unterwelt kennen wir aus Mythen
also kennen wir sie nicht sondern
nur die Art und die Weise wie sie
einstmals erzählend Bedeutung schöpften

Mit dem Netz meines Verstandes
versuche ich Sinn zu gewinnen
aus den Untiefen von Herkunft und Zeit
froh über jedes erinnerte und gefundene Detail

29.

Von der stark befahrenen Straße aus
biegt der Weg ab in den Wald
und beim Anstieg ebbt der Autolärm
ab mit jedem Schritt und verstummt dann ganz

In der Ruhe wirkt der Tinnitus gewaltig
und verweist auf den Schmerz
der nachgelassen hat aber immer noch
liegt er wie ein Raubtier auf der Lauer

Dann geht eine Bö durch die Kronen
und die Bäume rauschen wie in Träumen
und mein Herz hebt an zu singen
erquickt vom Wogen als gelte es nur ihm

Aus welcher Quelle das Gute kommt
ist am Aussichtspunkt zu erahnen
die Schönheit zeigt sich mit dem Leben
das in den Dörfern dort glitzert und hallt

30.

Ausgeliehen habe ich die Sätze
die Wörter und die Semantik
bediene mich aus einem Archiv
das niemandem gehört – Open Source

Wie in einer Wohnung die ich miete
richte ich mich in diesen Räumen ein
und kleide mich in den Gewändern derer
die mir beim Denken halfen beim Lieben und Sehen

Und in diesem karnevalesken Wirbel
blitzt Minne auf und Melancholie
bin ich Narr erst dann Seher und
fühle mich heimisch wie vorher nie

31.

Der Fels auf dem ich stehe
hat ein zweites Gesicht
verlässlich ist er nicht
ist ein ich bin sowie ich verwehe

Der Eingang durch den ich gehe
ist auch eine Tür hinaus
und erst wenn ich ins Weite sehe
mach ich mir einen Reim darauf